Jesper Juul

Kinder sind Geschenke
für die Welt

Jesper Juul

Kinder sind Geschenke für die Welt

Ein Familienbegleiter für alle Wochen des Jahres

Herausgegeben von
Matthias Voelchert

Kösel

Über den Autor

Jesper Juul, geboren 1948 in Dänemark, ist einer der bedeutendsten und innovativsten Familientherapeuten Europas, Konfliktberater und Gründer von familylab International. Durch zahlreiche Seminare, Vorträge, Medienauftritte und erfolgreiche Elternbücher wurde er international bekannt. Seine respektvolle, gleichwürdige Art, mit Menschen umzugehen, beeindruckt Fachleute und Eltern immer wieder neu. Mit seinen Bestsellern »Nein aus Liebe« und »Pubertät – wenn Erziehen nicht mehr geht« hat er sich endgültig in die vorderste Riege der Erziehungs- und Beziehungsautoren geschrieben.

www.jesperjuul.com
www.familylab.de

Vorwort

Kinder sind ein Geschenk (für die Welt) – diese Wahrheit ist universal und allseits anerkannt. Kinder sorgen nicht nur für den Fortbestand der Menschheit, sondern auch für die stetige Weiterentwicklung unserer technischen Errungenschaften, der Künste, Wissenschaften und der Philosophie. Dieser Fortschritt und die damit einhergehende ständige Veränderung bestehender Einrichtungen und Werte werden selten von allen gleichermaßen willkommen geheißen und begrüßt. Denn sie stehen dem Wunsch, dass alles so bleiben möge, wie es ist, entgegen. Gerade die dadurch entstehende Reibung macht es aber möglich und sogar aufregend für uns alle, neue Wege des kreativen Miteinanders zu finden.

Im Kleinen, also in unseren Familien, tritt diese Reibung und kreative Energie kurz nach der Geburt eines Kindes auf. Für Tausende von Jahren herrschte die Vorstellung vor, dass man Konflikte gering halten und die Kinder dazu bringen sollte, sich dem bereits Bestehenden anzupassen.

Zweifellos ist jedes Neugeborene für seine Eltern das größte Geschenk. Die bedingungs- und grenzenlose Liebe, die wir unseren eigenen Kindern entgegenbringen, zu erfahren und ausdrücken zu können, fügt unserer Existenz eine neue, einzigartige Dimension hinzu. Diese Liebe unterscheidet sich von allen Liebesgefühlen, die wir für jeden anderen empfinden mögen. Sie ist weder rührselig noch romantisch gefärbt, sondern grundsolide und doch zugleich poetisch beflügelt.

Wenn wir die bedingungslose Liebe für und das Vertrauen in uns in den Augen und im Gesicht unseres Kindes entdecken, gewinnt diese neue Dimension in unserem Leben an Bedeutung. Dieser Moment entschädigt uns für alles, während wir uns gleichzeitig der enormen Verpflichtung bewusst werden, die diese gegenseitige Liebe erfordert.

Sobald das Kind älter wird – manchmal schon nach ein paar Tagen – treffen Geschenke anderer Art, nämlich in Form von Herausforderungen, ein. Viele davon stellen unsere gewohnten Denk- und Gefühlsmuster infrage, manche auch unser Selbstbild und unsere Verhaltensweisen. Wir sehen uns zugleich angeregt wie gezwungen, uns als Menschen weiterzuentwickeln. Diese unerwarteten Geschenke hinterfragen dabei nicht nur, wie wir unsere Liebe ausdrücken, sondern auch, wie es unsere Eltern getan und wie sie für uns gesorgt haben.

Vor der Geburt eines Kindes sind es unsere Partner, die uns auf ähnliche Art herausfordern – manchmal sogar auf genau dieselbe Weise. Manche dieser Herausforderungen nehmen wir direkt an und genießen, was dabei herauskommt. Manchmal drücken wir uns oder gehen, weil wir unsere Partner für unvernünftig und selbstsüchtig halten oder glauben, dass sie uns nicht wirklich lieben. In manchen Situationen verstehen wir einfach das Verhalten unseres Partners nicht. Es scheint einfach nur nervig und Zeit- bzw. Energieverschwendung zu sein, sich mit ihnen auseinandersetzen zu müssen.

Den vielfältigen Arten, in denen unsere Kinder uns als Frauen, Männer, Mütter und Väter infrage stellen, können wir nicht ausweichen oder sie einfach ignorieren. Diese Herausforderungen sind meist ein Ausdruck dessen, wer das Kind ist oder wie unsere Beziehung zu ihm ist. Wir können natürlich andere, weniger persönliche Erklärungen dafür finden, aber unsere Kinder fordern uns heraus, um uns entweder wachsen zu lassen oder um uns mit unseren Grenzen zu konfrontieren. Das ist eine Aufgabe, die wir annehmen müssen, um die zahlreichen Momente zu verdienen, in denen unsere Kinder uns mit Freude, Stolz und Glück erfüllen. Also vergessen Sie nicht – wie es Eltern vielfach ihren Kindern einsagen – Danke zu sagen.

Es ist meine aufrichtige Überzeugung, dass es der beste Weg ist, unser Selbstgefühl wie das unserer Kinder zu fördern, wenn wir uns jedes Jahr an ihrem oder unserem eigenen Geburtstag einen Moment Zeit nehmen, um ihnen sehr ernsthaft mitzuteilen, wie sehr sie unser Leben bereichern. Wie viel wir durch sie entdeckt und gelernt haben. Kinder wie Eltern strengen sich sehr an, dem anderen zu geben, was er braucht. Allzu oft danken wir ihnen nur für die Gefallen, die sie uns tun. Wenn wir ihnen sagen, wie sehr sie uns bereichern, werden uns die Geschenke, die sie uns machen, unser ganzes Leben lang begleiten.

Ihr
Jesper Juul

Was ist Familie?

Familie ist die Beziehung zwischen ihren Mitgliedern – wie sie miteinander kommunizieren, worüber geredet oder gestritten wird. Das, was zwischen den Menschen geschieht, ist das Wichtigste.

Mit einem »Ja« fängt es an.
Es besteht kein Zweifel, wie wichtig das Ja ist, das wir unseren Kindern und einander zukommen lassen.
Alle Liebesverhältnisse werden durch ein Ja besiegelt, das aus vollem Herzen kommt.
Es ist dieses Ja, das Neugeborene in den Augen ihrer Eltern sehen sollten – als gemeinsamer Beginn einer lebenslangen Beziehung.

Wenn Eltern **ein Kind** bekommen, entdecken sie eines der bestgehüteten Geheimnisse der Liebe: etwas zu bekommen, ist nur das Zweitbeste.
Das Beste ist die Erlaubnis, selbst etwas geben zu dürfen.

Miteinander wachsen

Vor allem in Liebesbeziehungen lernen wir uns selbst tiefer und besser kennen. Wir werden offener und verletzlicher, wenn wir jemand lieben, und sind bereit, zugunsten von Nähe und Gemeinsamkeit freiwillig unsere Grenzen zu opfern.
Indem wir selbst reifen und die Beziehung sich entwickelt, lernen wir neue Seiten an uns kennen. Einige Grenzen lösen sich auf, während neue hinzukommen oder sich zurückmelden. Alte Wunden verheilen, neue werden geschlagen. (Das enge Zusammenspiel in der Familie beschert uns im übertragenen Sinne manche Schrammen und blauen Flecke.) Aus ihnen lernen wir etwas über uns selbst und die anderen. Wir lernen, uns derer anzunehmen, die verletzt wurden. Wir lernen, die anderen zu respektieren und unsere Grenzen zu markieren, damit unser Verhalten eine größere Klarheit bekommt.
Wenn wir lernen, uns deutlicher zu artikulieren, fühlen wir uns nicht nur wohler in unserer eigenen Haut, sondern werden auch wertvoller für unsere Mitmenschen.

Vom Paar zum Elternpaar

Es stärkt eine Paarbeziehung ungemein, wenn sich beide gleichermaßen mit dem Kind beschäftigen. Und irgendwann werden beide erkennen, dass sie nicht mehr dasselbe Paar sind, das sie vor der Geburt des Kindes waren. Es ist etwas Anderes, Neues daraus entstanden. Man kann diesen Vorgang als problematisch ansehen oder es akzeptieren. Wir müssen uns vom Alten verabschieden, um das Neue willkommen zu heißen.

Worauf es ankommt

Das, worauf es in der Erziehung ankommt, geschieht häufig gleichsam zwischen den Zeilen. Es ist die Stimmung, wie wir als Eltern miteinander umgehen, wie wir mit anderen Menschen in unserer Umgebung umgehen, der Prozess, wie wir als Familie miteinander sind: All das erzieht. Es kommt gar nicht auf ein perfektes Resultat an. Das Glück besteht darin, miteinander auf dem Weg zu sein.

Wie können wir es **richtig** machen? – Gar nicht. Richtig gibt es nicht. Wir können uns aber fragen: Was wollen wir? Und dann versuchen, in diese Richtung zu gehen.

Was Kinder brauchen

Kinder brauchen Eltern,

die bereit sind, mit ihren Kindern zu wachsen.
Eltern, die ihre Verantwortung ernst nehmen –
wissend, dass diese Kinder nicht ihr Besitz sind,
sondern das Geschenk des Lebens.
Eltern, die wissen, dass ihre Kinder nicht wie
ihre Eltern werden müssen, um gut zu sein.
Eltern, die die Kraft entwickeln, sich und ihren
Kindern immer mehr zu vertrauen.

Vielleicht sind wir »halbgute« Eltern, wenn wir unsere Kinder bekommen – zu richtig guten werden wir erst durch den gemeinsamen Entwicklungsprozess, der im günstigsten Fall ein Leben lang anhält. Und genau diese notwendige Entwicklung könnte man als den größten Gewinn im Hindernislauf der Liebe bezeichnen.

Sich herausfordern lassen

Kinder helfen uns,

uns selbst besser kennenzulernen.
Unsere innere Substanz, unsere Grenzen, unseren Energiehaushalt – über all das wissen wir nur Bescheid, weil die Kinder uns jeden Tag darauf aufmerksam machen. Damit stellen sie uns vor die Entscheidung, an ihnen zu wachsen oder zu Tyrannen zu werden.
Für Eltern sind Kinder die mit Abstand besten Lehrmeister, die es gibt.

Die Ungleichheit akzeptieren

Hinsichtlich unserer Liebesbeziehungen geben wir uns vielen Illusionen hin. Wir glauben, jemand zu verstehen, weil wir ihn lieben. Das ist nicht wahr. Es ist sehr schwer, einen anderen Menschen vollkommen zu verstehen, zumal über die Differenz der Geschlechter hinweg. Wir sprechen so verschiedene Sprachen und haben so unterschiedliche Auffassungen von der Wirklichkeit, dass es einem Wunder gleichkommt, wenn wir hin und wieder das Gefühl haben, uns mit einem anderen Menschen auf einer Wellenlänge zu befinden. Es wird sehr viel leichter, wenn wir die Ungleichheit akzeptieren.

Liebe bedeutet nicht,

sein Leben in den Dienst des anderen zu stellen. Doch man verpflichtet sich gewissermaßen, das Leben des Partners genauso ernst zu nehmen wie sein eigenes, dessen Wertvorstellungen und Bedürfnissen dieselbe Bedeutung beizumessen wie den eigenen und sich dessen Zielen so wenig wie möglich in den Weg zu stellen.

Frühling

Sich immer besser kennenlernen

Für Kinder ist es wichtig,

dass die Eltern an ihrem Spiel teilnehmen, sie selbst aber das Spiel leiten. Denn das Spiel ist für Kinder die einzige Möglichkeit, auf ihrem eigenen Niveau mit den Eltern zusammen zu sein – einem Niveau, das die Kinder genauso gut beherrschen wie die Erwachsenen. Eltern sollten das Spiel nicht in erster Linie unter pädagogischen Gesichtspunkten betrachten, sondern als eine von vielen Möglichkeiten, mit ihrem Kind zusammen zu sein und es besser kennenzulernen.

Für Paare ist es eine gute Idee, öfter einmal in Ruhe darüber zu sprechen, wie es einem in der Beziehung und in der Familie geht und was man gegebenenfalls verändern könnte. Das Anziehendste auf der Welt ist ein Mensch, der in seine Seele blicken lässt, und die gegenseitige Offenheit verbindet ungemein.

Offen bleiben füreinander

Es ist ein interessantes Paradox, dass wir jedes noch so kleine Detail in der Entwicklung unserer Babys und Kleinkinder registrieren, doch schon nach wenigen Jahren ganz genau zu wissen glauben, wer oder wie sie sind. Ähnliches gilt für die Beziehung zu unseren Partnern, was uns leider teils blind und taub macht.

Wir sollten sehr **vorsichtig** damit sein, unsere Nächsten in Schubladen zu stecken oder ihnen Kosenamen zu geben, die anfangs nett gemeint oder treffend sein mögen, auf lange Sicht jedoch ihr Selbstbild verfestigen.

Partnerschaft und Kindererziehung sind in vielerlei Hinsicht ein lebenslanges Experiment, das niemand durchführt, ohne auch immer wieder Dummheiten zu begehen.

Aber im Leben geht es nicht darum, sich »richtig« oder gar »perfekt« zu verhalten, sondern darum, dem Chaos einen Sinn zu entlocken.

In **allen Familien** entstehen Konflikte, die sich nicht im Handumdrehen lösen lassen, wie sehr wir uns auch lieben und wie gesprächsbereit wir auch sein mögen. Einige Konflikte wurzeln so tief in unserer individuellen Existenz, dass sie immer wieder aufbrechen und vielleicht erst nach Jahren gelöst werden können. Die Atmosphäre in der Familie hängt entscheidend davon ab, wie wir gerade mit solchen Konflikten umgehen. Entscheidend für das Wohlergehen der Familie ist, dass beide Partner die Notwendigkeit von Konflikten begreifen und gemeinsam einen Weg finden, mit diesen umzugehen.

Trotz allem geborgen

Zwei Arten von Wärme

In zwischenmenschlichen Beziehungen gibt es zwei Arten von Wärme: Schmelzwärme und Reibungswärme. Die Schmelzwärme, die der Nähe, Fürsorge und Empfindsamkeit entspringt, erfreut sich zweifellos der größeren Beliebtheit, doch ist sie nicht wärmer als die Reibungswärme, die bei Auseinandersetzungen, Konflikten und Frustrationen entsteht. Wir täten uns und unseren Familien allerdings einen großen Gefallen, wenn wir die beiden Arten gleichrangig behandelten, denn eine umfassende Herzlichkeit benötigt beides.

Einander zuhören

Ebenso wie Erwachsene

haben Kinder das Bedürfnis zu erzählen, was sie tun, worüber sie nachgedacht und was sie erlebt haben. Das erfordert Zeit; wohlgemerkt Zeit, in der die Erwachsenen weder erziehen noch belehren, sondern einfach nur interessiert zuhören. Nach dem Verständnis der Kinder ist das echte »quality time«.

Erst wenn wir über
etwas sprechen, das uns am
Herzen liegt, wird für die
anderen deutlich, wer wir
wirklich sind.

Woche 20
MAI

Vom Umgang mit Enttäuschungen

Ein Kind, das **nicht bekommt,** was es sich im Moment wünscht, ist natürlich zunächst frustriert. Dabei reagieren die einen mit Wut, andere schmollen, wieder andere wälzen sich vor der Supermarktkasse auf dem Boden, die nächsten brechen in Tränen aus. Das dient dem Abbau der eigenen Frustration und bringt das Kind mit sich selbst wieder ins Gleichgewicht. Was dann noch folgt, ist die Trauer des Kindes: Ich habe es nicht bekommen. Dabei ziehen sich viele Kinder zurück. Sie brauchen Zeit zur Verarbeitung ihrer Trauer, bitte geben Sie Ihrem Kind diese Zeit. Ich weiß, dass das schwer ist. Sie glauben, Sie würden Ihr Kind vernachlässigen, aber das tun Sie nicht. Ihr Kind lernt, mit Enttäuschungen umzugehen. Diese Erfahrung wird es später dringend brauchen.

Wir können und **müssen nicht** auf alle Wünsche unserer Lieben eingehen – trotzdem können wir den anderen und seine Wünsche ernst nehmen.

Nicht der einzige Sinn

Man erweist seinen Kindern einen großen Dienst, wenn man sich weiterhin intensiv um seinen Partner und um sich selbst kümmert. So vermeidet man, an der Elternrolle zu »ersticken«. Es ist für Kinder eine große Belastung, im Bewusstsein aufzuwachsen, ALLES für die Eltern zu bedeuten. Natürlich ist es zu begrüßen, wenn das Wohlergehen der Kinder für die Eltern einen extrem hohen Stellenwert hat, doch sollte den Kinder niemand zumuten, den einzigen Sinn im Leben der Eltern zu verkörpern.

Ein Symbol der Liebe

Mahlzeiten bestehen nicht nur aus Kalorien, Proteinen und Ballaststoffen. Eine Mahlzeit für diejenigen zuzubereiten, die wir lieben, hat hohe symbolische Bedeutung. Es ist so etwas wie ein unverhülltes Symbol für die Liebe und Fürsorge, die wir ihnen entgegenbringen, und es erfüllt uns mit Wärme, wenn es geschätzt wird.

Voll und ganz akzeptieren

Es gibt eine Gruppe von Kindern, für die die Möglichkeit, Nein zu sagen, bevor sie Ja sagen können, von ganz entscheidender Bedeutung ist. Ich nenne sie »autonome Kinder«, weil ihre Neigung, sich abzugrenzen, schon von Geburt an stärker ausgeprägt ist als bei anderen.

Das Verhalten autonomer Kinder ist vor allem dadurch gekennzeichnet, dass sie weitgehend unempfänglich sind für das, was wir gemeinhin unter Fürsorge verstehen. Sie sind oft allergisch gegen Körperkontakt, wenn er nicht von ihnen ausgeht.

Autonome Kinder haben jedoch dasselbe Bedürfnis nach Nähe und Fürsorge wie alle anderen Kinder, doch insistieren sie darauf, selbst über deren Zeitpunkt und Umfang zu entscheiden. Ihr Verhalten verdeutlicht den grundlegenden Konflikt aller Menschen zwischen dem Bedürfnis nach Zusammengehörigkeit und dem nach Unabhängigkeit.

Sommer

Wahrgenommen werden

Der Wunsch, »gesehen« und bewusst wahrgenommen zu werden, ist ein existenzielles Bedürfnis. Wirklich »gesehen« fühle ich mich, wenn andere sozusagen hinter die Kulissen schauen und mich so erkennen, wie ich bin. Das setzt voraus, dass sich zumindest ein anderer Mensch so stark für mich interessiert, dass er sich die Mühe macht, hinter die Fassade meines scheuen, ungestümen, ängstlichen oder aggressiven Verhaltens zu schauen. Wir wollen als Mensch »gesehen« und geschätzt werden, und das geschieht fast ausschließlich in den Beziehungen zu denen, die wir lieben.

Aufmerksam sein

Es gibt eine Form der Aufmerksamkeit, die für das Wohl des Einzelnen sowie der Familie von großer Bedeutung ist. Sie ist am ehesten mit dem Radar eines Schiffes zu vergleichen, das alles registriert, was in einem bestimmten Radius vor sich geht. Für Eltern ist es eine Kunst, alles zu registrieren, sich jedoch auf das Wesentliche zu konzentrieren. Und das ist nur möglich, wenn man ZEIT miteinander verbringt.

Heutzutage wird das Lob oft benutzt, um das Verhalten zu fördern, das von den Eltern gewünscht wird. Lob als Methode führt jedoch oft zu sehr unsicheren Kindern und Erwachsenen, die abhängig von positiven Rückmeldungen ihrer Umgebung sind und hart um ein gesundes Selbstwertgefühl und einen inneren Maßstab für das eigene Verhalten kämpfen müssen.

Wenn Eltern so tun, als sei ein Kind Weltmeister aller Klassen, wird es einen Schock erleiden, wenn es sich mit der Realität konfrontiert sieht. Dann wird es nämlich unzähligen anderen Weltmeistern begegnen – all den Kindern, die in ihren Familien stets die Nummer eins waren. Doch Eltern, die ihren Kindern vorenthalten, dass das Leben auch schmerzhaft sein kann, dass man manchmal traurig und enttäuscht ist, erweisen ihnen einen Bärendienst. Das ist so, als würde man ihnen nur die weißen Tasten eines Klaviers zeigen.

Über das Lob

Eltern sollten möglichst viel darüber lernen, wer ihr Kind wirklich ist und inwieweit es sich unterscheidet – nicht nur vom Durchschnittskind, sondern auch von den Erwartungen, Wünschen und Hoffnungen seiner Eltern.

Ehrlich statt perfekt

Es genügt nicht, dass die Erwachsenen sich lieben, sie müssen die Gemeinschaft auch wollen. Wir alle erleben Augenblicke, Stunden oder Tage, an denen wir wünschten, wir würden nicht zusammenleben – es gibt zu viele Streitigkeiten, wir fühlen uns einsam, das Leben wirkt zu kompliziert … Solche Gefühle sind ganz normal, und auch an ihnen werden die Kinder keinen Schaden nehmen, wenn, ja wenn wir richtig mit diesen Gefühlen umgehen. Möglichst offen und ehrlich mit ihnen umzugehen, ist alles, was wir tun können – aber das ist auch genug.

Woche 30
JULI

Nur wenn wir darauf **verzichten,** ständige Freude und Harmonie einzufordern, und wir so authentisch wie möglich sind, können unsere Kinder von uns lernen – nicht, wie eine »perfekte« Familie zu sein hat, aber wie einer von vielen Wegen aussehen kann, gemeinsam zu wachsen und ein gesundes Selbstgefühl aufzubauen.

Das Selbstgefühl stärken

Das **Selbstgefühl** dreht sich darum, was oder wer wir sind, unabhängig davon, was wir können. Selbstgefühl setzt voraus, sich selbst zu spüren, sein Zentrum oder seinen innersten Kern wahrzunehmen. Die Familie ist für die Entwicklung des Selbstgefühls von zentraler Bedeutung, weil es durch die bedingungslose Liebe der Eltern zu ihrem Kind am wirkungsvollsten gestärkt wird. Es ist die Art von Liebe, zu der nur Eltern in der Lage sind, wenn sie ihrem Kind um seiner selbst willen – nicht aufgrund irgendwelcher Eigenschaften und Fähigkeiten – so offen und liebevoll wie möglich gegenübertreten.

Geben und Nehmen

Als Eltern sind wir oft so sehr darauf fixiert, was wir unseren Kindern geben wollen, dass wir das Bedürfnis der Kinder übersehen, uns etwas zu geben – um für ein Gleichgewicht zu sorgen.
Man kann in der Regel nicht allzu lange Mitglied einer Gemeinschaft sein, ohne etwas beizutragen.

Denn wenn man nichts beiträgt, verliert man seine Würde und seine seelische Gesundheit.

Wertvoll sein wollen

Es gibt keine Eltern, die ihre Kinder nicht über alles in der Welt lieben, und keine Kinder, die ihre Eltern nicht über alles in der Welt lieben. Hingegen gibt es Familien, deren Lärm- und Aggressionspegel so hoch ist, dass sie wie Menschen wirken, die sich nicht ausstehen können. Doch ist dieses Verhalten kein Ausdruck mangelnder Liebe, sondern ausschließlich tiefer und schmerzhafter Frustration, die dem Gefühl entspringt, nicht wertvoll zu sein – als Kind, Partner oder Elternteil. Das Zusammenspiel in der Familie ist das Destruktivste oder Konstruktivste, das in unserem Leben geschieht. Konstruktiv wird es dann, wenn es gelingt, durch wirklichen Dialog den Schlüssel zu dieser Schatzkammer der Liebe und des Wohlwollens zu finden.

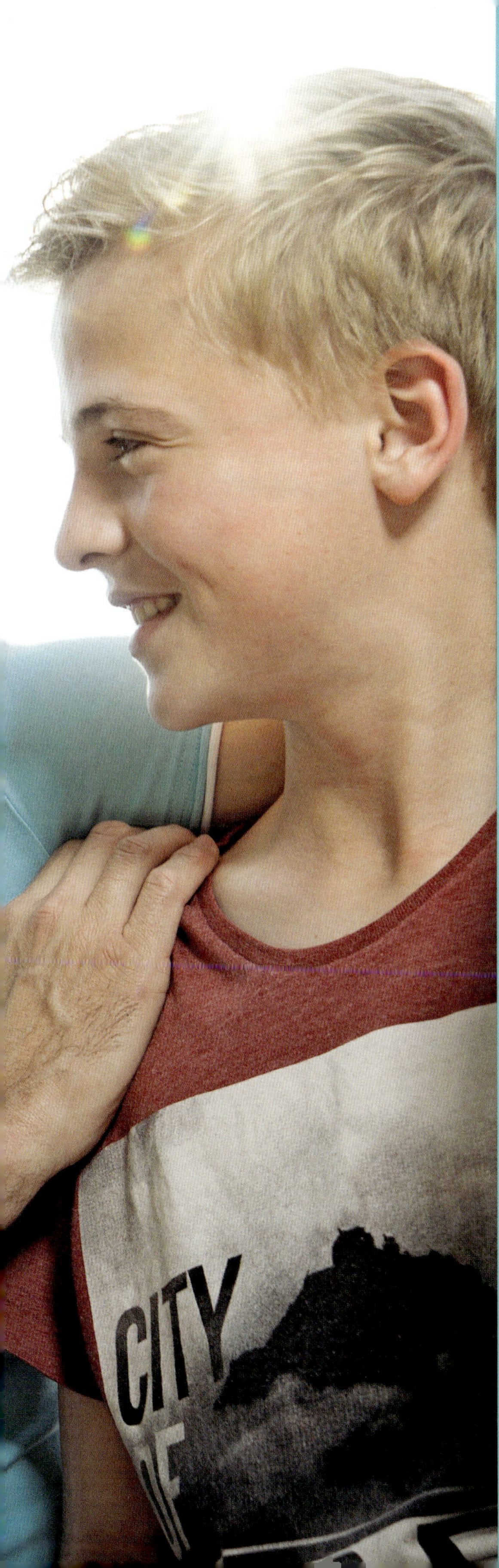

Je mehr wir uns in einer Gemeinschaft ernst genommen fühlen, desto unwichtiger wird es, »recht zu haben« oder »seinen Willen zu bekommen«. Das gilt für Eltern und Kinder gleichermaßen.

Im Gespräch bleiben

Viele Eltern glauben, bei ihren jugendlichen Kindern kein Gehör mehr zu finden, aber das ist nicht wahr. Ihre Meinungen und Gefühle machen immer noch einen großen Eindruck, doch lassen sich Teenager das oft nicht anmerken, weil sie es nicht vertragen, das Gesicht zu verlieren. Für Eltern ist es nach wie vor wichtig, sich deutlich zu artikulieren. Manche Eltern glauben jedoch, je mehr sie reden, desto größer ist der Eindruck, den sie hinterlassen, doch das Gegenteil ist der Fall.

Man sollte seine
Botschaft immer in zwei
Sätzen vorbringen können.

Eltern von Jugendlichen haben immer noch großen Einfluss darauf, wie sich die Jugendlichen entwickeln und verhalten. Dieser Einfluss erwächst aus der gegenseitigen Liebe, der gemeinsamen Vergangenheit sowie der gemeinsamen Sehnsucht nach Zusammengehörigkeit und Nähe.

So authentisch wie möglich

Fünfzig Prozent von dem, was wir zu unseren Kindern sagen, ist nicht notwendig oder wir meinen es nicht so. Es kommt einfach unbedacht aus uns heraus. Zu fünfzehn Prozent sagen wir genau das, was unsere Eltern zu uns gesagt haben und was wir nie sagen wollten. Mit den restlichen Prozenten sind wir zufrieden und die sollten wir auf 100 Prozent erhöhen.

Wir müssen lernen auszudrücken, wer wir sind und wofür wir stehen, statt unseren Kindern vermitteln zu wollen, wie sie sein sollten.

Herbst

Nach innen schauen

Im Laufe der Pubertät gehen im Gehirn eines Kindes so große biologische Veränderungen vor sich, dass Eltern plötzlich das Gefühl haben, ihre Kinder nicht mehr zu erkennen. Diese Veränderungen veranlassen viele Kinder, all ihre Aufmerksamkeit für lange Zeit nach innen zu richten. Diese Introvertiertheit sollten die Eltern nicht persönlich nehmen, denn sie hat nichts mit einem guten Verhältnis zu tun, das sich womöglich verschlechtert hat. Und sie ist auch kein Zeichen mangelnden Vertrauens.
Das Beste, das Sie nun für sich und Ihr selbstständiger werdendes Kind tun können, ist, seine Entwicklung als Geschenk zu betrachten, das Ihnen im Laufe der nächsten Jahre mehr Zeit und größere Freiheit bescheren wird.

Auch das Scheitern teilen

Die Jugendzeit besteht aus vielen Experimenten, und Reife entwickelt sich nur dann, wenn die Jugendlichen den Raum und die Möglichkeit bekommen, auch ihr Scheitern mit ihrer Familie zu teilen. Je mehr sie isoliert, bestraft, belehrt und kritisiert werden, desto weniger lernen sie über sich selbst, ihre eigenen Stärken und Schwächen. Jugendliche müssen ihrer inneren Stimme folgen und dabei eine Reihe von Entscheidungen treffen, die sich nicht unbedingt als klug erweisen werden, sie aber dennoch klüger machen.

Liebevoll begleiten

Manchmal können Jugendliche nicht erwachsen werden, ohne die Eltern zu verletzen. Dann ist es an der Zeit, sie loszulassen und die alte Elternrolle aufzugeben. In dieser Rolle brauchen sie Sie nicht mehr, doch sie brauchen Sie umso mehr als Sparringspartner und liebevolle Zeugen ihres Lebens.

Der Begriff Sparringspartner bedeutet, dass man wie ein Boxtrainingspartner fungiert: Man bietet maximalen qualifizierten Widerstand, ohne dem anderen Schaden zuzufügen. Eltern erreichen dies am ehesten, wenn sie ihre Ansichten und Überzeugungen klar zum Ausdruck bringen, ohne jedoch zu erwarten, dass ihre Kinder diese teilen.

Dies ist die fruchtbarste und effektivste Methode als Eltern, größtmöglichen Einfluss auszuüben.

Wir müssen einen **Weg finden,**
unsere Kinder »machen« zu lassen,
ohne sie alleinzulassen.

Vertrauen statt Besorgnis

Zweifellos gehören Sorgen dazu, wenn man Kinder hat, doch sollten Sie darauf achten, sie nicht überhandnehmen zu lassen. Sonst wird Ihre Liebe zu einer Belastung für die, die Sie lieben.
Konkrete Sorgen sollte man mit seinem Partner oder anderen Erwachsenen teilen – vor allem, wenn es darum geht, eine konstruktive Lösung zu finden. Belasten Sie Ihre Kinder nicht mit diesen Sorgen – sie könnten dies als Misstrauen werten und womöglich an Selbstvertrauen verlieren.
Jugendliche dürsten nach dem Vertrauen ihrer Eltern und hassen deren Besorgnis.

Auf die Probe stellen

Unsere Ansichten und Wertvorstellungen werden auf eine harte Probe gestellt, wenn unsere Kinder sie daraufhin überprüfen, ob es Werte sind, die sie selbst in ihr Leben integrieren wollen. Doch es lohnt sich, diese Chance zu ergreifen und sich der Debatte zu stellen. Nicht nur, um die Beziehung zu den Jugendlichen zu pflegen, sondern weil vieles in unserem Leben im Lauf der Zeit zur Routine erstarrt ist, die im Interesse aller dann und wann hinterfragt werden sollte.

Was unsere Kinder von **uns** brauchen, ist eigentlich nur das: zu wissen, dass es auf dieser Welt einen oder zwei Menschen gibt, die wirklich glauben, dass ich o.k. bin. Das brauchen sie. Mit einem solchen Menschen kann man gut überleben, mit zweien sogar ganz wunderbar.

Überall auf der Welt

finden sich fröhliche, zufriedene, harmonische und lebendige Familien, deren Richtlinien und Werte vollkommen verschieden sein können. Das erinnert mich daran, dass die Antworten auf das, was »richtig« und was »falsch« ist, überaus vielfältig sind. Von elementarer Bedeutung ist jedoch, dass die Erwachsenen in einer Familie überhaupt Wertvorstellungen besitzen – etwas, woran sie glauben; Überzeugungen, für die sie eintreten. Mit aller Vorsicht möchte ich hinzufügen, dass diese Werte jedoch niemals wichtiger sein dürfen als der Mensch an sich. Sie dürfen den einzelnen Menschen nicht in den Schatten stellen oder aus der Gemeinschaft ausschließen. Sonst dienen sie nur dem Machtmissbrauch und haben mit echten Werten nichts zu tun.

Aus vollem Herzen

In manchen Familien artet die **Teenagerzeit** dergestalt aus, dass alle fortwährend Nein zueinander sagen. Die Eltern versuchen vergeblich, Grenzen und einen verbindlichen Rahmen zu setzen, während die Jugendlichen nahezu unablässig versuchen, diesen Rahmen zu sprengen. Wenn es so weit gekommen ist, sollten die Eltern einmal tief Luft holen, sich das Kind, das sie aufgezogen haben, genau ansehen und sich dazu entschließen, es in seiner gesamten Persönlichkeit und aus vollem Herzen anzunehmen. Gegensätze und Konflikte sind in dieser Lebensphase ganz natürlich, sich permanent zu bekriegen jedoch nicht, und es ist Sache der Eltern, diesen Krieg zu beenden. Es geht nicht darum, recht zu haben, sondern den Kontakt und das Vertrauen zueinander zu bewahren.

Die **beste Gewähr,** dass Sie auch weiterhin ein enges Verhältnis zu Ihrem Kind haben werden, ist Ihr eigener Wille, sich gemeinsam mit ihm zu entwickeln. Sie sind zwar nicht mehr für seine **Erziehung** verantwortlich, doch tragen Sie nach wie vor die Hauptverantwortung für Ihre **Beziehung.**

Der Leuchtturm ist ein schönes Bild, um zu zeigen, wie elterliche Führung aussehen sollte: Ein Leuchtturm ist eben kein Helikopter, der ständig über den Kindern schwebt, sie auf Schritt und Tritt begleitet und kontrolliert. Ein Leuchtturm ist fest an seinem Standort verankert und sendet regelmäßig Signale aus, an denen sich die herumschwirrenden Kinder orientieren können. Auch können sie stets zu ihm zurückkehren, um dann anschließend wieder ihre Welt zu erkunden. Der Schein des Lichts reicht weit, besonders nachts, und bei Nebel kommt ein durchdringendes Horn hinzu. Der Leuchtturm gibt Sicherheit und mutet den Kindern auch Verantwortung zu. Manchmal begeben sie sich weit weg und erleben Abenteuer in der Fremde. Dadurch lernen sie zunehmend, auch mit kritischen Situationen umzugehen. Sie wachsen in ihr Leben hinein.

Über die Ratschläge

Ich fragte meinen Sohn: »Willst du ein paar gute Ratschläge haben?« Er dachte nach, bevor er mich verschmitzt anlächelte und antwortete: »Ja, genau drei Stück.« Eine geniale Antwort! Hätte er gesagt, er wolle keine Ratschläge, wäre ich traurig und enttäuscht gewesen. Hätte er einfach Ja gesagt, hätte ich ihm vermutlich einen zwei Stunden langen Vortrag gehalten. Doch jetzt musste ich gut nachdenken: Welches sind die drei wichtigsten Ratschläge?
Am Ende habe ich mich mit zweien begnügt.
In diesem Zusammenhang sollte man eines beherzigen: Wenn man Kinder hat, die in der Pubertät oder darüber hinaus sind, dann sollte man sich nicht in ihr persönliches Leben einmischen, ohne eingeladen zu sein.

Zwischen Vergangenheit und Zukunft

In gewisser Weise leben die Eltern in der Vergangenheit und die Kinder in der Zukunft, und zwar in einer Zukunft, für die ihre Eltern nur ein Besuchervisum erhalten können. Ältere Kinder sprechen mit der Stimme der Zukunft, und es lohnt sich, genau zuzuhören, weil sie mit dieser Stimme für den Rest ihres Lebens sprechen werden.

Aus demselben Grund ist es wichtig, dass Eltern weiterhin ihre eigenen Werte repräsentieren und dabei akzeptieren, dass Gegensätze unvermeidlich sind. Dass sie aus Überzeugung Nein sagen und für das Recht ihrer Kinder eintreten, dasselbe zu tun. Es ist erforderlich, eine Brücke zwischen Vergangenheit und Zukunft zu bauen, und das ist vor allem die Aufgabe der Eltern.

Kinder wollen ihre Eltern »groß«, nicht gleich! Damit meine ich, dass Kinder Eltern brauchen, die zu ihren Anschauungen stehen und es aushalten können, sich damit nicht immer bei ihrem Kind beliebt zu machen. Es ist für jedes Kind eine gute Übung, sich gegen die Meinung seiner Eltern behaupten zu können und so Widerstandskraft zu tanken. Die wird das Kind im Leben gut brauchen können. Wir Eltern können sicher sein, dass damit die Liebe zwischen uns und unseren Kindern wächst. Und die jungen Menschen erwerben dadurch die Fähigkeit, sich in einer Welt zurechtzufinden, die ihnen täglich Frustrationen zumutet, um irgendwann selbst ein heller Leuchtturm zu sein.

Winter

Kunstwerk Familie

Als Familie zusammenzuleben ist hohe Kunst, denn hier kommen Dinge zum Tragen, die auch bei der Entstehung von wirklichen Kunstwerken eine Rolle spielen: Intuition, Ehrlichkeit, Leidenschaft, Selbstkritik und vor allem Übung, Übung, Übung. Dann mag es zu Augenblicken kommen, in denen das Gefühl des Gelingens Körper und Seele bis zum Rand erfüllt!

MIX
Papier aus verantwortungsvollen Quellen
FSC® C021956
www.fsc.org

Sonderausgabe der Verlagsgruppe Random House GmbH

Textauswahl: Ingrid Koller
Bildredaktion: Annette Mayer, Karin Rasch
Layout und Satz: Veronika Preisler, München
Umschlaggestaltung: m-design, Köln
Umschlagfoto: © shutterstock/Tropical studio
Printed in Italy 2019
ISBN: 978-3-466-30021-1
www.koesel.de